MALAGUTI ET RATTA,

ou

LES DEUX ULTRAMONTAINS.

Par Barthélemy

Ce petit poëme n'était pas destiné à voir le jour; ce n'est qu'à la prière de ses amis, que l'auteur s'est décidé à le publier.

IMPRIMERIE ET FONDERIE DE J. PINARD,
RUE D'ANJOU-DAUPHINE, n° 8, A PARIS.

MALAGUTI et RATTA,

OU

LES DEUX ULTRAMONTAINS,

Poëme.

> Mais qu'attendre de bon de deux ultramontains !
> M. DE VILLETTE.

Prix : 50 centimes.

PARIS,
TOUS LES MARCHANDS DE NOUVEAUTÉS.
1826.

Malaguti
TE
Ratta,
OU
LES DEUX ULTRAMONTAINS.

Avant que du Palais la sentence émanée,
Des deux héros du jour fixe la destinée,
Je veux, en attendant un arrêt incertain,
Célébre. aujourd'hui le couple ultramontain :
Je dirai dans quel but ils vinrent d'Italie,
De mille beaux projets l'âme toute remplie;
Comment Malaguti, secondé de Ratta,
Exécuta sans fruit un crime qui rata,
Et comment de l'octroi la garde magnanime
Saisit dans leurs chapeaux un or illégitime.

Ah! si Thémis sur eux fait peser sa rigueur,
Que d'éloquentes voix chanteront ce malheur!
Ce sera comme au temps du pauvre Papavoine;

Du beau quartier d'Antin au faubourg Saint-Antoine,
Les gosiers patentés nommeront à grands cris
Ces deux particuliers très connus dans Paris ;
D'autres installeront sur les places publiques
L'armoire à deux battans où pendent des reliques,
Et, sur un air piteux, comme une passion
Chanteront le forfait et sa punition ;
D'autres, pour attendrir nos vaporeuses dames,
Pourront sur ce sujet broder des mélodrames,
Et suivant un usage en nos jours adopté,
D'une pièce bien triste enrichir la Gaîté.

Pour moi, je n'aurais pas à ma muse hardie
Permis un trait plaisant sur cette tragédie,
Si ce drame fatal par malheur consommé
Finissait par Joseph tristement inhumé ;
Mais le dieu d'Abraham a sauvé cet saint homme ;
Il vit, il vit encor : ce n'est pas un fantôme,
Et de mes propres yeux je l'ai vu l'autre soir
En bonnet de coton assis à son comptoir.

Ils vivaient l'un et l'autre au sein de leur patrie,
Sur l'exigu produit d'une ingrate industrie ;
S'ennuyaient en commun dans ce triste séjour,
Et vers un meilleur temps soupiraient chaque jour ;
Malaguti surtout, maudissant la fortune,
Supportait aigrement la misère importune,
Et, l'esprit occupé de ses projets nouveaux,

Un jour à Gaëtan il s'adresse en ces mots : *
« Tu le vois, cher ami, l'implacable *débine*
« Allonge, chaque jour, notre piteuse mine ;
« En vain, tu te confonds en efforts superflus,
« Tu fais gémir la presse et gémis encor plus ;
« Dans ton imprimerie on te voit pâle et blême ;
« Tu te lèves à jeun et te couches de même :
« Moi-même, artiste adroit dans un art plus grossier,
« Moi, qui forge le fer, ou façonne l'acier,
« Dans mon triste atelier je ne vois plus personne ;
« Quittons une patrie ou la faim nous talonne ;
« Et sans attendre ici les horreurs du besoin,
« Plutôt que d'y mourir, allons vivre plus loin.
« Au delà de ces monts la France nous appelle ;
« Cette belle contrée, au Saint-Père fidèle,
« Accueille avec transport le peuple Ultramontain :
« Dans le *Diario*, que j'ai lu ce matin, *
« On dit que Loyola gouverne ce royaume :
« Nous prendrons, en partant, chacun notre diplôme ;
« Ainsi, nous trouverons toujours le couvert mis
« Dans la maison professe au centre de Paris,
« Au faubourg... j'ai le nom sur le bout de mes lèvres,
« Au faubourg St-Germain dans le quartier de Sèvres ;
« C'est un camp établi pour des gens comme nous. »
Amen, dit Gaëtan, en tombant à genoux.

* *Gaëtan*, c'est le prénom de Ratta ; en italien, *Gaëtano*. Celui de Malaguti, est *Virgilio*.
** Le *Diario* est un journal qui s'imprime à Rome.

Alors nos deux amis, sans bagage et sans suite,
Après s'être munis du brevet de Jésuite,
Partent, et voyageant la guitare à la main
Abrégent, en chantant, les ennuis du chemin.
Ils arrivent bientôt aux rives de la Seine,
Et du haut Villejuif qui commande la plaine,
Leurs yeux ont distingué dans le vaste horizon
Les tours de Notre-Dame et le saint Panthéon.
Dans un lieu retiré de cette immense ville,
Ils vont à petits frais élire domicile;
De leurs plans de fortune ils s'occupent d'abord :
Malaguti fabrique un petit coffre-fort,
Et fait mille projets pour gagner, sans rien faire,
Ce pain quotidien qu'on nous promet en chaire;
Mais du *fatum* romain les invincibles lois
Poursuivent en tous lieux ces Orestes bourgeois;
L'un ne peut brocanter les chaînes qu'il fabrique,
A l'art du typographe en vain l'autre s'applique;
Dans cette triste passe, où trouver un appui ?
Loyola leur restait; ils vont frapper chez lui;
Mais, sans rien obtenir, de deux maisons professes
Ils sortirent penauds en se grattant les f......
Depuis lors, chaque jour, ils vaguaient dans Paris,
Comme ces chiens errans par Delavau proscrits
Quand au brûlant Zenith la canicule ardente,
Du charnier Guénégaud embrase la charpente.
Un soir, en traversant cet immense jardin *

* Le jardin du Palais-Royal.

Des publiques houris délicieux Eden,
En passant sous l'arcade, ils s'arrêtent : Virgile
A vu chez un changeur l'attrayante Sébile*,
Agent provocateur qu'on aposte à dessein
Pour attirer le riche et tenter l'assassin.
Sa pensée à l'instant plus prompte que la vue
D'un plan vaste et terrible a conçu l'étendue :
« Viens, dit-il, Gaëtan, allons causer sans bruit
« A l'hôtel d'Angleterre ouvert toute la nuit. »

Au centre de Paris, vis à vis ce portique
Où l'industrie étale un luxe asiatique,
Près ce café morose où le vieux Evezard **
Au jeu de Palamède enchaîne le hazard,
S'élève cet hôtel temple de la misère,
Que de son noble nom a doté l'Angleterre.
Là se groupent la nuit, autour d'un noir foyer,
De pauvres Parias affranchis de loyer :
Qu'ils sont beaux de laideur ! leur costume, leur mine,
Leur maintien, tout en eux annonce la *débine*;
La morne redingote et le court pantalon,
Le gilet haut croisé, les bottes sans talon,
Et ce large col noir dont la ganse flottante
Dissimule si mal une chemise absente.
Là, sont ces professeurs, anges tombés des cieux

* On appelle sébiles, des soucoupes de bois ; les changeurs les remplissent de pièces d'or et d'argent et les exposent à l'étalage.
** Le café de la Régence.

Qui jadis s'enivraient d'aï délicieux
Et dans les beaux salons de la riche chaussée
Taillaient le *Pharaon* d'une voix cadencée,
Disant, en se tournant vers les *pontes* élus,
Messieurs faites le jeu, Messieurs rien ne va plus.
Là se groupent aussi, pâles comme Saint-Labre,
Ces vétérans du jeu, dépecés par Chalabre*,
Héros déguenillés que le triste rateau
A traînés si souvent à deux doigts du poteau ;
On les a vus jadis à la *passe*, à la *manque*
Jeter négligemment quelques billets de banque.
Refoulés aujourd'hui dans ces lieux enfumés,
D'un cuivre dégoûtant ils semblent affamés.
Combien ils sont changés ! entre leurs mains noircies
Ils battent avec feu des cartes épaissies,
Excités par *six-blancs* tranchent à coups de poings
Le trop lent *écarté* qui se trame en cinq points,
Ou souvent, pour plus tôt achever leurs victimes,
Ils tournent finement des rois illégitimes.
Quelquefois, pour calmer les tourmens de la faim,
Ils saisissent aux dents la timbale d'étain
Qu'une chaîne de fer, gardien métallique,
Attache prudemment à l'amphore hydraulique.
Dans la cour de l'hôtel, un tableau plus moral
Se déroule, aux lueurs d'un lugubre fanal :

---

* M. le comte de Chalabre, administrateur en chef de la ferme des jeux; bouc émissaire chargé des malédictions des joueurs ruinés.

Dans ce bazar obscur vingt nymphes patentées
Vendent à petits frais des formes achetées ;
La plupart, attendant l'heure de leurs travaux,
Par mille jeux charmans, mille joyeux propos,
Abrègent les longueurs d'une triste soirée :
L'une silencieuse, à l'écart retirée,
Le cœur gros de soupirs, appelle son amant,
Et sur un air bachique exprime son tourment ;
D'autres pleurent tout haut leur triste destinée,
D'être vierges encor de toute la journée,
Et l'estomac chargé de vineuses liqueurs,
En rendent avec bruit les grossières vapeurs.

C'est là que nos héros entrent d'un pas agile.
Ratta prête l'oreille aux discours de Virgile ;
Leur plan est débattu, mis aux voix, discuté,
Et sur-le-champ admis à l'unanimité.
Le lendemain Ratta court à l'imprimerie ;
Mais son ami, longeant la sombre galerie,
Examine Joseph, compte des yeux ses pas,
Veut apprendre par cœur l'heure de ses repas,
Lève avec son crayon le plan de sa boutique,
Sait quand sa femme sort, quand sort sa domestique ;
Et de tous ces détails une fois bien instruit
Pour le coup qu'il médite il a fixé la nuit.
C'était, s'il m'en souvient, le quinze de décembre ;
Il va chez Gaëtan, le trouve dans sa chambre ;

« Viens, dit-il, de ce pas allons chez *Taillefer* (*),
« Transformer en poignards quelques limes de fer. »
— « Je suis prêt, dit Ratta. » La forge est allumée,
Le fer change de forme et leur main est armée;
Au bureau de Joseph ils se rendent sans bruit,
Virgile ouvre la porte et Gaëtan le suit.
C'était l'heure où Phébus cède sa place aux astres;
« Je veux, dit le premier, changer contre des piastres,
Des doublons d'or. » Joseph ouvre d'un doigt prudent
La porte du grillage et demande l'argent;
Soudain, Malaguti, de son bras athlétique,
Le saisit; il l'entraîne au fond de sa boutique,
Et d'un coup de poinçon asséné sur le chef,
Il étend à ses pieds le malheureux Joseph.
Ratta, qu'un tel début a lancé dans le crime,
Porte, par supplément, cinq coups à la victime;
« Bien, lui dit son ami, mais dépêche-toi, prends
« Ces rouleaux tous pareils de pièces de vingt francs;
« Puisque je suis en train, moi, je vais à ta place,
« A mon pauvre banquier donner le coup de grâce;
« Tout est fini, partons. » Alors d'un air loyal,
Ils s'élancent tous deux dans le Palais-Royal.
Ils fuyaient, et déjà, dans leur course incertaine,
Ils remontaient pensifs les rives de la Seine;
Et bientôt, vient s'offrir à leurs yeux indécis
Le vieil hôtel-de-ville et ses arceaux noircis.

* Malaguti, à cette époque, travaillait chez un serrurier nommé *Taillefer*.

Tandis que Gaëtan, croyant sortir d'un rêve,
Réfléchit tristement sur la place de Grève,
Malaguti le quitte et descend d'un pas lent,
Pour laver dans la Seine un pantalon sanglant;
Ils cassent un rouleau dont ils prennent huit pièces,
Qu'ils changent prudemment en nombreuses espèces,
Puis ils rentrent chez eux assez gais, mais fort las;
Et cachent leur trésor entre deux matelas.
Avant de s'endormir, comme des gens honnêtes
Ne se couchent qu'après avoir payé leurs dettes,
Pour solder leur hôtesse ils descendent exprès,
Remontent dans leur chambre, et s'endorment après.
Au point du jour, selon leur coutume secrète,
Après avoir prié la Vierge de Lorette,
Et saint Pierre, et saint Paul et l'Ange-gardien :
« Comment as-tu dormi, dit Malaguti? — Bien.
« — Maintenant il faut vivre en parfait honnête homme.
« Nous avons de l'argent; enterrons notre somme
« Loin d'ici, pour la mettre à l'abri du mouchard.
« Prends ces rouleaux, partons, et marchons au hasard,
« En priant tous les saints nos patrons. Si la Vierge
« Nous montre un endroit sûr, je lui promets un cierge.»

Ils sortent de Paris, et dans un trou des champs
Ils cachent avec soin les dix-neuf mille francs.

Un mois s'est écoulé. Dans une imprimerie
Gaëtan a repris sa première industrie.

Virgile, cultivant sa molle oisiveté,
Va fumer son cigarre en un lieu fréquenté;
Et tous deux, du forfait écartant les indices,
De leur impunité savouraient les délices.
Un terrible incident vint troubler ce repos :
Un matin, en sortant tous les deux des tripots,
Virgile tire à part son disciple coupable,
Et lui conte en ces mots un songe épouvantable :
« Cette nuit, en goûtant ce sommeil tracassé
« Dont nous dormons tous deux depuis le mois passé,
« J'ai vu Joseph, portant sur sa tête débile,
« En guise de bonnet, une large sébile ;
« Et d'une voix éteinte, il m'offrait à tout prix
« De la vieille vaisselle au poinçon de Paris.
« Eh quoi! tu n'es pas mort, lui dis-je! et ma victime
« Sort en bonne santé de l'infernal abîme!
« Je le poignarde alors. Mais le spectre hagard
« Accueillait, en riant, chaque coup de poignard.
« Effrayé, je m'enfuis, en fermant les deux portes,
« Et crie avec effort : *Dieu des Juifs! tu l'emportes!*
« La garde accourt; soudain mon poil s'est hérissé;
« Je tombe, et sur mon cou glisse un acier glacé. »
« Tu frémis, Gaëtan; mais tu perdras la tête
« Lorsque tu sauras tout : l'âme encore inquiète
« Du songe de la nuit et du spectre infernal,
« A mon réveil, je vais droit au Palais-Royal!
« Qu'ai-je vu? Notre mort pesant dans sa balance
« L'or, produit d'un billet de la Banque de France.

« Ratta, pour mon malheur ainsi que pour le tien,
« Les gens que nous tuons, hélas! se portent bien. »

A cet affreux récit, plein d'une horrible idée,
Ratta sent chanceler son âme intimidée ;
Il croit voir sur sa tête un acier suspendu......
Malaguti lui dit : « M'as-tu bien entendu?
« — Que trop. — Eh bien, partons; fuyons vers l'Italie,
« Sauvons en même temps notre or et notre vie ;
« Quand nous aurons atteint et repassé les monts,
« Nous braverons en paix le ciel et les démons. »

Il se tait à ces mots. Cet infernal langage
Au faible Gaëtan a rendu le courage :
Alors vers la barrière ils dirigent leurs pas;
Ils marchent en silence, et ne soupçonnent pas
Que des agens secrets l'illustre patriarche
Les suit à pas de loup, et veille sur leur marche.
Malaguti pourtant a d'abord avisé
Le redoutable argus en bourgeois déguisé ;
Sans doute il aurait du se méfier du traître ;
Mais sous ces faux dehors comment le reconnaître?
A son air de franchise, à son noble maintien,
Quel œil n'eût pas été trompé comme le sien?
Faut-il que sur le front d'un agent de police
Brille de la vertu le respectable indice,
Et ne devrait-on pas, à des signes certains,
Distinguer les mouchards du reste des humains?

Nos héros de Paris atteignent la frontière,
Et trouvent au dépôt leur somme tout entière ;
Mais au fatal retour, saisis de par le roi,
Ils sont conduits tous deux au bureau de l'octroi.
On les cerne et l'on trouve, en fouillant dans leurs poches,
Tout l'or dans des mouchoirs transformés en sacoches.
Le maire de Charonne, honnête magistrat,
Vint les interroger. — Votre nom ? votre état ?
— Ratta. — Malaguti. — *Prota* d'imprimerie.
— *Ferrajo.* — Répondez en francais, je vous prie :
Où l'avez vous trouvé, cet or ? — Je ne sais où.
— Où l'avez-vous trouvé ? répondez. — Dans un trou.
— Qu'on les mène en prison ; ce sont nos homicides.

Alors on les plongea dans des cachots humides ;
On fit venir Joseph, on les lui confronta :
Il reconnut Virgile, il reconnut Ratta,
Quoiqu'ils eussent été, par un vieil artifice,
Confondus dans les rangs des agens de police,
Qui ne pouvaient offrir, même y compris le chef,
Un seul visage honnête aux regards de Joseph.
Dès ce jour plus d'espoir : le couple sanguinaire
Fut écroué vivant, à douze pieds sous terre :
Et le trésor passa, des mains des deux amis
Au trône conservateur du greffe de Thémis.

FIN.

www.ingramcontent.com/pod-product-compliance
Lightning Source LLC
Chambersburg PA
CBHW061611040426
42450CB00010B/2437